LA QUERELLE DE L'ORTHOGRAPHE

Réponse à M. Marcel Boulenger

LYON

ÉDITION DE LA *REVUE DE LYON ET DU SUD-EST*

13, RUE DE LA RÉPUBLIQUE

1906

EN VENTE A PARIS

A LA LIBRAIRIE GARNIER FRÈRES

6, RUE DES SAINTS-PÈRES

LA QUERELLE

DE L'ORTHOGRAPHE

Réponse à M. Marcel Boulenger

LA QUERELLE

DE L'ORTHOGRAPHE

Réponse à M. Marcel Boulenger

LYON

ÉDITION DE LA *REVUE DE LYON ET DU SUD-EST*

13, RUE DE LA RÉPUBLIQUE

1906

La Faute d'Orthographe

Quand on a appris l'orthographe académique actuelle, avec une peine dont le temps a atténué le souvenir et des ennuis qu'un amour-propre mal placé nous incite parfois à ne pas reconnaître, quand cette orthographe, si incohérente soit-elle, nous est devenue familière par de longues années de pratique et de lectures et quand il suffit de laisser faire MM. les Protes pour être assuré de s'y conformer exactement lorsqu'on publie un prospectus ou un poème épique; quand, par l'effet de l'habitude, tout changement, même le mieux justifié, dans la physionomie des mots, nous est parfaitement désagréable, il est bien certain qu'on ne peut demander au public d'aller au-devant de ce désagrément, de renoncer à sa quiétude et de se remettre à l'école pour apprendre une orthographe nouvelle, si simple soit-elle, car il est encore plus simple de conserver celle qu'on sait.

Mais aussi personne ne songe à demander un pareil effort ni au public, ni aux grands écrivains, ni aux petits.

Toute la question est de savoir si, dans les écoles, *l'orthographe académique continuera à être enseignée comme un dogme et si, par exemple, quand il est établi scientifiquement depuis longtemps qu'il n'y a même pas une mauvaise raison pour écrire* soixante, *alors qu'on n'écrit pas* laixer, *ni* dixième *autrement que* dizaine, *on conti-*

nuera à compter une faute à l'enfant qui écrira soissante *comme* laisser *et* dizième *comme* dizaine.

Qu'est-ce, actuellement, qu'une faute d'orthographe ? *C'est un manquement aux règles édictées dans le catéchisme académique*[1]. *Que devrait être, étymologiquement et en bonne définition, une faute* d'orthographe ? *Un manquement à la* façon d'écrire correcte, *telle qu'elle est établie scientifiquement dans les grammaires dignes de ce nom.*

Toute bonne grammaire commence aujourd'hui par la classification des sons de la langue et par l'histoire de la représentation de ces sons dans l'écriture. On y lira par exemple que le ph *est une représentation maladroite, imaginée par les Latins, d'une lettre grecque qui est exactement rendue par notre* f, *que les Espagnols et les Italiens ont depuis longtemps substitué partout* f à ph, *que Voltaire, dans son* Dictionnaire, *range l'article* philosophie *à la lettre* f, *que l'Académie elle-même écrit* frénétique *le mot qui correspond au* phreneticus *latin, et que Gréard conseillait de généraliser cette substitution de l'*f *au* ph. *La conclusion nécessaire de cette leçon serait de dire aux élèves, avec Voltaire : « Ecrivez* filosofie *ou* philosophie, *comme il vous plaira. » Et cependant, le professeur est actuellement tenu de conclure : « Toutefois, gardez-vous d'écrire* filosofie *si vous voulez avoir de bonnes places dans vos compositions et des chances de réussir dans vos examens. Et quand vous écrirez le mot français venant de* phreneticus, *n'oubliez pas d'y substituer* f à ph, *car l'infaillible Aca-*

[1] Le pavillon des grands écrivains de notre temps ne saurait couvrir cette mauvaise marchandise ; car ils n'ont pas choisi leur orthographe, ils ont appliqué celle qu'on leur avait imposée à l'école.

démie a décidé qu'il fallait écrire « frénétique » et « philo-« sophie ». Crede quia absurdum. »

Les bonnes grammaires et les bons professeurs enseignent que l'Académie a commis une « erreur d'état civil » en écrivant forcené *et* poids, *que* forcené *n'a aucun rapport avec la force, mais signifie « hors du sens », que* poids, *venant de* peser, *n'a aucune parenté avec* pondéré, *et qu'en supprimant le* d *erroné, on ne confondrait pas le* pois *qui sert à peser avec le* pois *qu'on mange, pas plus qu'on ne confond aujourd'hui la* fraise *des bois avec la* fraise *de veau. La conclusion devrait être :* « Poids *et* forcené *sont des fautes, mais comme vous verrez souvent encore ces mots ainsi écrits dans les livres, ces fautes ne vous seront pas comptées. Toutefois* pois *et* forsené *sont préférables, ce sont les seules formes correctes.* »

La règle pratique serait ainsi en conformité avec l'enseignement théorique, et c'est une monstruosité qu'il en soit encore autrement.

Il est nécessaire, il est urgent qu'il soit établi un programme méthodique et cohérent d'enseignement et de pratique orthographique. C'est ce qu'ont reconnu les ministres qui ont constitué des commissions de réforme. Et lorsque ce programme orthographique, partie intégrante du programme grammatical, viendra en discussion devant le Conseil supérieur de l'Instruction publique, il faut espérer qu'on accordera quelque autorité aux grammairiens que compte cette assemblée, de même qu'on s'en rapporte aux chimistes pour les programmes de chimie et aux historiens pour les programmes d'histoire.

Il serait fâcheux qu'en faisant intervenir des autorités, considérables en d'autres matières, mais nullement qua-

lifiées en celle-ci, on pût faire avorter ou rendre illusoire cette indispensable réforme du programme grammatical. Le danger, c'est que tout le monde se croit compétent dans la question, parce que tout le monde a intérêt à ne pas modifier son orthographe, un intérêt mesquin si l'on veut, mais très réel, et dont on se dissimule à soi-même, de très bonne foi, le caractère égoïste, en alléguant inlassablement les mêmes raisons d'ordre esthétique, cent fois réfutées.

On ne saurait trop répéter que rien ne sera changé pour le moment aux habitudes orthographiques actuelles. Mais les enfants auront le choix entre deux orthographes, pour un nombre de mots déterminé, et seront mis à même d'adopter en parfaite connaissance de cause, quand ils arriveront à l'âge d'homme, celle qui leur paraîtra la meilleure. Celle qui prévaudra l'emportera par la réflexion et non par la routine, sans que la liberté de personne ait été violentée.

Ce qui importe pour l'instant, c'est de substituer dans les études l'orthographe raisonnée au dogme académique et de restituer à la locution « faute d'orthographe » son véritable sens.

LA QUERELLE DE L'ORTHOGRAPHE

Réponse à M. Marcel BOULENGER

Ce serait rendre justice à M. Marcel Boulenger que de créer un mot nouveau, *boulengisme* (par *en*), pour désigner la violente croisade qu'ont provoquée les projets récents de réforme orthographique.

Il en est manifestement le chef, et c'est ce qui donne un intérêt tout particulier aux articles qu'il a publiés dans la *Revue Bleue* et dans la *Revue de Paris* et qu'il a réunis depuis en brochure.

Ces articles forment une causerie à bâtons rompus, à laquelle il est utile de répondre point par point. Nous reproduirons donc les divisions mêmes de la brochure et nous la suivrons page à page, au risque de tomber dans des redites qu'on voudra bien ne pas nous imputer. Disons tout de suite que ce manifeste est plein de talent et d'esprit, d'une richesse étonnante en comparaisons, images, métaphores et formules d'anathème, mais que les réformes y sont condamnées en bloc, sans qu'aucune y soit discutée, et pour cause.

I

Au commencement de la brochure, et dans un article plus récent[1], M. Marcel Boulenger s'applique à nous donner une bonne définition du philologue, tel qu'un Français « de culture moyenne » peut se le figurer. C'est un homme

[1] *Revue Bleue*, 4 août 1906.

« qui parle couramment le latin, le grec, l'hébreu et le sanscrit, non moins que *toutes les langues vivantes*, sans en excepter les dialectes hindous, ceux des Lapons ou des nègres d'Afrique et même aussi le français », un homme « qui peut lire à livre ouvert la Bible en hébreu ou les sagas en scandinave, qui savoure sans en perdre une nuance le grec de Pindare et le latin d'Ennius, le français de la Chanson de Roland, le provençal des Troubadours et l'allemand des Niebelungen ». Mais c'était en même temps et ce n'est plus, d'après M. Boulenger, un gourmet de lettres plein de tact, « disert, éloquent, d'une bonhomie fine ou ironique. » Le mot est en train de perdre cette seconde partie de sa signification, par la faute de quelques philologues qui ont eu le tort de donner sincèrement, sur une question de leur compétence, un avis que leur demandait le Ministre de l'Instruction publique.

M. Marcel Boulenger aurait pu profiter de l'occasion pour apprendre aux Français de culture moyenne que la philologie, comme toutes les sciences, se subdivise aujourd'hui qu'il devient plus impossible que jamais au même homme d'étudier scientifiquement *toutes* les langues, et qu'un professeur de philologie germanique, par exemple, n'est nullement qualifié pour émettre un avis autorisé sur une question de grammaire française.

Ceux qui ont voix au chapitre et qui, depuis une trentaine d'années, réclament la réforme orthographique, dans l'intérêt même de la langue, ce sont les maîtres de la philologie romane et française, ceux qui ont consacré leur vie à élucider les origines, l'histoire et les traditions de la langue française, Gaston Paris, Arsène Darmesteter et leurs disciples. Ajoutons que les maîtres de la philologie classique ont bien aussi le droit de dire leur sentiment sur l'orthographe des mots empruntés au grec ou au latin : qui osera récuser l'autorité d'un de nos plus savants hellénistes, Tournier[1], qui, reprenant l'idée de Ronsard, formulait le vœu

[1] C'est de lui que M. Gaston Deschamps dit, dans le *Temps* du 2 sep-

qu'on écrivît *ritme* au lieu de *rythme*. Les adversaires de tout changement font grand état d'un mouvement de mauvaise humeur de M. Michel Bréal. Mais ils négligent de dire qu'en dernière analyse il s'est rallié à la réforme Faguet (franciser les mots grecs, simplifier les consonnes doubles), et de rappeler qu'il a été parmi les premiers adhérents de la petite réforme pratiquée depuis près de vingt ans par la *Revue de philologie française* et qui consiste à substituer *s* à *x* final, cette lettre barbare comme l'appelait Arsène Darmesteter ; à écrire *il cachète* comme *il achète* et *je prens il prent*, comme *je sers*, *il sert*.

Il n'est d'ailleurs pas nécessaire d'avoir consacré sa vie aux recherches de philologie romane ou classique pour avoir quelque compétence sur le sujet, très restreint, de l'orthographe. Les littérateurs purs en parlent généralement avec une extrême légèreté ; mais il est tout à fait notable, comme on l'a fait remarquer, que les deux seuls membres de l'Académie française que les circonstances aient appelés, en qualité de rapporteurs d'un projet général de réforme, à étudier de près la question, Gréard et Faguet, ont l'un et l'autre reconnu l'urgence et le bien fondé d'une simplification. Il en sera toujours ainsi, et nous ne mettons pas en doute la conversion de M. Marcel Boulenger lui-même, le jour où, sans se laisser griser par ses métaphores familières, il prendra la peine d'examiner à fond le problème.

Il nous montre bien qu'il ne l'a point fait, quand il se plaint qu'il n'y ait plus ni grammairiens, ni grammaires. Mais tout philologue est nécessairement grammairien ! Et les grammairiens qui ne sont pas philologues, dans la mesure où leur temps le permet, ne peuvent être que des compilateurs. M. Boulenger veut que le grammairien « n'entende aucun dialecte aboli », c'est-à-dire ignore l'histoire de la langue ! ! Il regrette le XVIIe et le XVIIIe siècles et la première moitié du XIXe, où l'on publiait, dit-il, des grammaires

tembre 1906, que « avant de s'adonner à des études spécialement philologiques, il fit preuve d'un véritable talent d'écrivain ».

françaises. S'il les avait lues, ces grammaires, il n'aurait pas écrit son article[1]. Il aurait constaté que l'une des meilleures, la Grammaire de Port-Royal, pose nettement le principe de la pure orthographe phonétique. Il aurait vu sur quels piètres fondements repose tout l'édifice de l'orthographe actuelle. Et s'il s'était mieux renseigné, il n'aurait pas dit qu'on n'écrit plus de grammaires. Les étrangers seront stupéfaits de lire une pareille affirmation sous la signature d'un Français, comme si Camille Chabaneau n'avait pas écrit son beau livre sur la conjugaison française; comme si Littré et Gaston Paris n'avaient pas prodigué leurs fines observations, l'un dans son Dictionnaire, l'autre dans la *Romania;* comme si, sans en citer d'autres, la grammaire historique d'Arsène Darmesteter, qui suit la langue depuis ses origines *jusqu'à nos jours*, pouvait être passée sous silence.

Et comment peut-on dire que, de nos jours, l'orthographe se transforme spontanément, et qu'il suffit de laisser agir l'usage et la foule? Depuis que l'orthographe du *Dictionnaire de l'Académie* est imposée obligatoirement dans les écoles, il n'y a plus d'usage pour l'orthographe, il y a une loi, pourvue de toutes les sanctions scolaires, docilement obéie par les imprimeurs et les éditeurs, et cette loi ne peut être modifiée que par une autre, émanant soit de l'Académie, puisqu'elle est encore admise à légiférer, soit directement du Ministre de l'Instruction publique, qui peut régler l'enseignement orthographique de l'école. « Une manière d'écrire un certain mot, d'abord défectueuse, se répand petit à petit, dit M. Boulenger. Au bout de plusieurs années, les grammaires notent une tolérance, puis une forme nouvelle, et c'est admis. » Nous demandons qu'on nous fournisse un seul exemple d'un changement semblable dans tout le cours du XIXe siècle. Il ne s'en est pas produit et ne pouvait s'en produire, et c'est ce qui fait que l'orthographe s'est ankylosée, suivant l'expression très juste de M. Michel Bréal.

[1] M. de Vaugelas, qui manque tant à M. Boulenger, ne craignait pas d'écrire : « il avait *vint* ans. »

A ceux qui constatent que l'un des *t* de *battu* ne se prononce pas, ni le *d* de *nid*, et qui disent : « Pourquoi les conserver? » M. Boulenger répond : « Eh, pourquoi donc aussi la mousse au creux des fontaines, l'herbe dans les allées perdues, le lierre sur les maisons, les écussons au-dessus des vieux portails? » Il compare encore ces lettres parasites à des « girouettes curieuses », à des « parties charmantes que la Renaissance[1], le XVIIe, le XVIIIe siècle et l'Empire auraient ajoutées à un château gothique. » Que voilà donc de singulières images pour un *t* de trop, dont le mot *bataille* se passe fort bien, sans en être plus laid.

Et s'il est beau de voir le mot *nid* avec un *d* muet[2] en guise de girouette ou d'écusson, ou de détail renaissance, nous aurions le plus grand tort de priver plus longtemps d'un aussi gracieux ornement tant d'autres mots qui y ont le même droit, comme *degréd* (parent de *graduel*), *nud*, *crud*, *vœut*, *bontét*, etc. Il ne saurait y avoir trop de coins moussus dans les allées perdues de notre orthographe, à moins qu'on ne m'objecte que la signification du mot *nud* justifie pour lui un traitement spécial et une graphie sobre, évoquant mieux l'idée qu'il représente, tout comme l'*h* initiale de l'*hermite* de nos pères évoquait, disait-on, la silhouette du personnage s'appuyant sur son bâton! M. Boulenger oublie trop souvent que « comparaison n'est pas raison. » Si l'on tient à comparer, il serait assurément plus exact d'assimiler les lettres inutiles dont les pédants ont chargé notre orthographe à de grossiers repeints que les amateurs de goût se hâtent de faire disparaître dans un tableau, ou à ces clochetons, œuvre du Bernin, qui déshonoraient encore il y

[1] C'est à la Renaissance que les lettres parasites ont été introduites dans *nid*, *poids*, *advouer*, *sçavoir*, *debvoir*, *saulter*, etc., etc, Si on les a maintenues dans les deux premiers, ce n'est pas avec l'idée saugrenue de conserver dans quelques mots un détail renaissance qu'on faisait disparaître dans tous les autres. C'est pour éviter l'homographie avec la conjonction « ni » et les « petits pois ». Nous verrons ce que vaut cette raison.

[2] Nous ne disons ni n'écrivons jamais : « on ne voyait ni nid ni fleurs ». Il n'y a donc pas à craindre, comme l'indique facétieusement l'Académie la rencontre de plusieurs *ni* de suite ayant différents sens.

**

a trente ans le Panthéon de Rome et qu'une municipalité intelligente a heureusement fait abattre. Mais l'œil s'était si bien habitué à ces « oreilles d'âne » du Bernin, que, pendant quelque temps, le Panthéon allégé a fait l'effet d'un édifice mutilé. N'eût-il pas été mille fois fâcheux qu'en prévision de cette impression illusoire et momentanée, on eût renoncé à rendre sa beauté première au monument d'Agrippa?

Sous prétexte que les étrangers « écrivent en leur idiome *le plus souvent*, s'il s'agit de commerce », — ce qu'il y aurait cependant intérêt à éviter le plus possible, — et que ceux qui veulent traiter de littérature savent tous notre orthographe, M. Boulenger conteste cette vérité éclatante, proclamée maintes fois par l'*Alliance française*, dont le témoignage, en ces matières, ne manque pas d'autorité, et tout récemment encore par le Congrès international de Liège, à savoir que les étrangers éprouvent beaucoup de difficulté à écrire notre langue, hérissée de chinoiseries, « qu'ils s'*en* trouvent gênés, et, dès lors, s'*en* servent moins volontiers[1] ». Quant aux sentiments de deux ou trois professeurs de français à l'étranger, sentiments auxquels M. Michel Bréal faisait allusion dans son premier article de la *Revue Bleue*, je les connais bien pour avoir assisté à l'entretien où ils ont été exprimés, et j'en avais tiré de tout autres conclusions, sur lesquelles il serait délicat d'insister. Ce qu'il y a de certain, c'est que les professeurs de langues romanes de toutes les Universités étrangères partagent unanimement sur cette question l'avis de leurs collègues de France.

M. Boulenger semble reconnaître que les enfants perdent à apprendre l'orthographe un temps considérable, et il reprend la vieille proposition de recommander une indulgence

[1] Les deux *en*, se rapportant à deux objets différents, sont du style de M. Boulenger. Nous ne les aurions pas soulignés, s'il ne parlait si dédaigneusement lui-même du style des autres, accusant gratuitement Gaston Paris, de n'avoir pas compris « la désinvolture, la race de tel ou tel tour de syntaxe ».

extrême aux juges d'examens, mais il est si peu au courant des choses, qu'il ajoute : « sauf peut-être à ceux de licence, d'agrégation ou de doctorat ès-lettres. » Ce sont précisément ceux-là qui ne sauraient compter comme fautes les manquements voulus à l'orthographe académique, pour la bonne raison que les candidats à la licence ès-lettres et aux aggrégations de lettres ou grammaire sont tenus de connaître et de pouvoir démontrer « l'incorrection » de cette orthographe. Si M. Grammont avait présenté comme thèse de doctorat son remarquable travail sur la versification française, auquel l'Académie Française vient de refuser un de ses prix en reprochant à l'auteur son orthographe particulière, il n'est pas une Faculté de France qui se fût donné le ridicule de lui faire pareil reproche. Quant aux Commissions d'examens primaires, une circulaire célèbre de M. Léon Bourgeois leur recommande de peser les fautes au lieu de les compter; mais l'extrême variété des fautes réelles ou prétendues qui leur passent sous les yeux rend ce pesage fort difficile; aussi la circulaire est-elle restée lettre morte. Au lieu d'une circulaire conseillant de ne pas compter les prétendues fautes, il faut un arrêté qui les énumère avec précision et qui défende de les compter[1].

M. Boulenger termine cette partie de sa brochure par une série de nouvelles images destinées à faire sauter aux yeux la merveilleuse beauté des lettres parasites, telles que l'*f* finale du mot *clef*, ou le *g* que Vaugelas supprimait dans *vingt;* il les compare cette fois à des ciselures, à des panaches, à la barbe des bustes d'Henri IV, à la perruque des statues de Louis XIV. (Nous n'inventons rien). Et, après s'être montré fort choqué de la violence excessive des réformistes, qui traitent d'absurde l'orthographe actuelle — ce qui ne peut offenser personne, puisqu'aucun de nous n'en

[1] En rendant l'orthographe libre, comme le demande M. Aulard, on autoriserait *bieinteau* pour *bientôt*. En diminuant simplement le coefficient de l'orthographe, on laisserait sur le même pied toutes les infractions à l'orthographe actuelle, celles qui sont légitimes comme celles qui ne le sont pas.

est responsable — il leur donne l'exemple de la sérénité, de la modération et du bon goût en les accusant de commettre « un forfait de sauvages, un acte de bien pauvre patriotisme et presque une félonie[1] » !

N'y a-t-il pas quelque contradiction à faire précéder cet anathème de la déclaration que voici : « Une faute d'orthographe, quelle importance cela peut-il avoir? Aucune. Les femmes y font preuve d'une imagination imprévue et délicieuse. Admettons leurs libertés, leurs fantaisies. » C'est revenir à la conception première de l'Académie ; Mézeray voyait dans l'orthographe, surchargée de lettres prétendues étymologiques, un moyen de distinguer les gens instruits des ignorants et des « simples femmes ».

Baptisant « philologues », au sens injurieux qu'il donne à ce mot, les grammairiens qui lui déplaisent, M. Boulenger les oppose aux « gens de goût ». Tous les adversaires de la réforme sont par définition des gens de goût.

Nul n'aura de l'esprit hors nous et nos amis.

Le flair suffit pour disserter sur l'orthographe. Sainte-Beuve, Gréard et Faguet ont gâté le leur en s'inquiétant de l'histoire de la langue et du « dialecte aboli » que parlaient nos ancêtres. La compétence qu'ils se se sont faite leur enlève toute impartialité et les exclut de la société des gens de goût.

II

M. Boulenger donne quelques spécimens d'orthographe simplifiée, d'après les systèmes de M. Jean Barès, de M. Louis Ménard et de la Commission ministérielle de réforme, et ce n'est point sans intention que, comme dernier exemple, il a choisi un passage où le mot *femme* se trouve répété trois fois en quelques lignes. Son ironie a ensuite beau jeu : « Tel est l'aspect aimable sous lequel certains

[1] Et ailleurs : « Les philologues respireraient enfin, la France n'aurait plus de littérature ! »

réformateurs souhaiteraient que désormais le français fût écrit ! » M. Emile Faguet a fait justice de ce procédé, qui n'est pas neuf, en disant de la physionomie des mots : « C'est l'argument à la portée des simples, des très simples, et c'est pour cela qu'il est celui dont les journalistes ont abusé et presque le seul dont ils se soient servis. Ils ont le flair. Il est certain que c'est un jeu d'une extrême facilité et d'un effet sûr que d'écrire la phrase suivante : « Je suis home à accepter la nouvèle ortografe avec une satisfacsion sans mélange ; car je n'ai pas fait ma rétorique, et je ne me conais pas en stile, ma fame non plus... » Le lecteur s'écrie, tout fier de son savoir : « Oh ! l'orthographe de ma cuisinière ! » S'il est plus raffiné, il s'écrie : « C'est peut-être juste ; mais c'est affreux, c'est horrible ! Oh ! La physionomie des mots ! La beauté des mots ! Car le mot a sa beauté... » Et le tour est joué. Seulement la physionomie des mots a changé dix fois depuis trois cents ans, et si l'on s'était arrêté à la physionomie des mots, on écrirait encore *cholère*, *advocat*, etc... »

Habitués à écrire « *cette* contrée », il est certain que nous serons gênés, au début, non pas d'écrire, car personne ne nous le demandera, mais de voir écrit : « *cète* contrée. » Il en a été exactement de même pour nos pères qui écrivaient « l'*esté*, la *feste* de *Pasques* », et qui ont assisté à la transformation de ces mots en « l'*été*, la *fête* de *Pâques* ». *Cète* ne diffère pas plus de *cette* que *fête* de *feste*. En supprimant l'*s* de *feste*, qui cependant remontait au latin, l'Académie a-t-elle commis un forfait de sauvages et presque une félonie ? Et *fête*, qui a semblé fort laid en commençant, l'était-il vraiment ? Est-il moins « aimable » que *feste?*

***

Après une longue et très belle citation de l'*Histoire de la langue française* de M. Brunot, où il est dit notamment que les philologues sont comme des naturalistes, n'ayant encore en mains que des squelettes, qui permettent de suivre la transition d'une espèce fossile à une espèce fossile, M. Marcel Boulenger triomphe : « C'est, dit-il, de l'étude de ces squelettes fossiles que l'on veut tirer une hygiène pour cet être vivant qu'est notre langue! » Mais jamais, au grand jamais, les philologues n'ont voulu imposer à la langue une hygiène ou une loi quelconque. La langue vit sa vie, et les philologues la regardent vivre en s'efforçant de discerner les lois naturelles qui président à son évolution. Mais l'orthographe, elle, n'est pas un être vivant. C'est un vêtement, c'est la représentation pour l'œil des formes sonores du langage, aux changements desquelles elle doit s'adapter. Et c'est parce que nos ancêtres, jusqu'à une certaine époque, ont eu la sagesse d'ajuster l'orthographe au langage parlé qu'il nous est possible, comme l'explique fort bien M. Brunot, de connaître les phénomènes linguistiques dont nous n'avons pu être les témoins. L'orthographe normale moule successivement les formes vivantes du langage et en conserve l'empreinte, quand elles ont disparu, comme le plâtre qu'on a parfois coulé dans les tombes pour conserver quelque chose des formes des êtres éteints.

Pour M. Boulenger, il y a dans les mots, comme dans le corps humain, « des corps thyroïdes, qui trop facilement donnent naissance à ces goîtres de l'écriture qui sont les fautes d'orthographe. » Les chirurgiens ont imaginé d'extirper le corps thyroïde du corps humain, mais au bout de quelques années les goîtreux opérés tournaient à l'idiotisme. Les philologues veulent opérer de même sur les corps thyroïdes des mots; « pour la régularité du cou, ils risquent l'intégrité du cerveau ». Et voilà pourquoi... nous devons continuer à écrire *il coud* et *il résout*, et *remords* autrement que *morsure*.

Au surplus, « on ne voit pas que les étymologistes aient à se louer de la suppression de ces lettres, inutiles au vulgaire sans doute, mais qui suscitent les problèmes aux yeux des savants ». Comme si jamais un savant avait pu tirer d'une écriture contraire à la prononciation une conclusion quelconque sur la provenance des mots! « Pour une lettre de plus ou de moins, disait Sainte-Beuve, les ignorants ne sauront pas mieux reconnaître l'origine du mot, et les hommes instruits la reconnaîtront toujours. »

Quelques progrès que la philologie française ait encore à réaliser, elle en fait déjà de merveilleux, surtout depuis un demi-siècle, et elle a établi des vérités solides sur lesquelles peut s'appuyer aujourd'hui une réforme de l'orthographe tout à fait en harmonie avec les saines traditions de la langue.

Nous savons de science certaine que *poids* se rattache au verbe *peser* (conjugué jadis *il poise*, *nous pesons*, comme *il doit*, *nous devons)* et qu'il n'a aucun rapport avec le latin *pondus*, dont il a emprunté le *d*, — qu'un *lais* ou *les* est étymologiquement « ce qu'on *laisse* par testament » et qu'en l'écrivant *legs* on a commis une erreur et préparé une altération de la langue, puisque le *g* erroné a fini par s'introduire dans la prononciation[1], — que le verbe *sceller* s'écrivait et se prononçait d'abord en trois syllabes *seeller*, et que, lorsqu'il fut réduit à deux, on confondit le premier *e* avec un *c*, de sorte que ce mot et le substantif *sceau* commencent aujourd'hui par *sc*, contrairement à l'étymologie latine.

Nous savons que l'*h* des mots *huit*, *huile*, qui les éloigne des mots de même famille *octave*, *octobre*, *oléagineux*, n'est pas autre chose qu'un « prenez garde à la peinture ». Alors que l'*u* et le *v* s'écrivaient de même, cet *h* signifiait : « prenez garde, la lettre qui suit n'est pas une consonne mais une voyelle, ne lisez pas *vile* mais *uile*. » La peinture est sèche depuis deux siècles, depuis deux siècles on distingue par des lettres différentes la voyelle *u* et la consonne *v*, et l'écriteau destiné à prévenir la confusion est toujours en place.

Nous savons que le *p* final du radical de *corrompre*, le *d*, le *v*, l'*m* de « ven*d*re, ser*v*ir, dor*m*ir » sont tombés très

[1] On aurait pu former un substantif sur *léguer*, c'eût été *un* ou *une lègue* (comme *un rêve* de *rêver*, *une attaque* d'*attaquer)* et il n'y aurait pas eu cette *s* finale de *legs*, qui est un reste du verbe *laisser*.

anciennement, par application d'une même loi phonétique, devant les flexions *s* et *t* des personnes du singulier, et que nous devons écrire *il corront* comme faisait encore Bossuet, *je prens* comme écrivaient Racine et Mme de Sévigné, aussi bien que *il sert* et *je dors*. Les distinctions actuelles n'ont absolument aucune raison d'être et sont en contradiction avec toute l'histoire de la langue.

Nous savons que les noms français viennent de l'accusatif latin; qu'on a prononcé jadis *paix*, *croix*, *noix*, *choix*, comme on les écrivait, par *s* finale, jamais par *x*, et que cette *s*, transformée à tort en *x*, se retrouve dans les dérivés *paisible*, *croisée*, *noisette*, *choisir*. Nous savons qu'il y avait un signe abréviatif, *ressemblant* à *x*, par lequel on remplaçait souvent *us* a la fin des mots; on écrivait *fameus* ou *famex*, *chevaus* ou *chevax*. Puis, toujours par erreur, on a rétabli l'*u* tout en maintenant le signe *x* = *us*, confondu avec la lettre *x*, qui d'autre part s'employait parfois pour *ss*, comme dans *Bruxelles*. Il en résulte que l'*s* du latin *illos*, *illas*, *novellos*, *novellas*, est représentée aujourd'hui correctement par *s* dans *les*, *des*, *celles*, *nouvelles*, et incorrectement par *x* dans *aux*, *ceux*, *nouveaux*.

N'y a-t-il pas quelques conséquences à tirer de ces connaissances? Pense-t-on que nos ancêtres, qui se sont empressés de supprimer le c de *sçavoir*, quand ils ont reconnu leur erreur étymologique, n'auraient pas utilisé ces découvertes si on les avait faites de leur temps?

M. Boulenger essaie d'établir une distinction fondamentale entre ce qu'il appelle la notation phonétique et l'orthographe. En réalité, l'orthographe n'est qu'une notation phonétique approximative, contenant des traces d'anciennes prononciations; toute lettre, dans l'écriture d'un mot, figure sans aucune exception, et sauf erreur d'étymologie, un son actuel ou ancien. Et c'est parce que la notation orthographique est approximative ou archaïque, que les dictionnaires indiquent entre parenthèses, avec plus de précision, la prononciation des mots : *mauvais* (môvê) ; *mau*, qui a représenté le son *maw*, a, dans les conventions actuelles, la même valeur que *mô*. Il est de toute évidence qu'il n'y a aucune différence de nature entre l'orthographe et la figuration plus rigoureuse de la prononciation. Et l'on est stupéfait de lire que la « notation phonétique s'adresse à l'ouïe, et l'orthographe *autant* à la vision », alors que l'une et l'autre sont des systèmes de signes *visuels*, représentatifs de sons, mais absolument muets et qui, par conséquent, ne peuvent d'aucune manière affecter l'oreille. L'une et l'autre représentent les sons, non pas pour eux mêmes, mais comme éléments constitutifs des mots. L'une, comme l'autre, ne peut évoquer d'image que par l'intermédiaire du mot, prononcé au moins mentalement. Et quel que soit le système figuratif employé, fût-ce un procédé sténographique, le même texte éveillera toujours, pour qui saura le lire, les mêmes idées.

M. Boulenger le dit ici avec raison, l'orthographe d'un mot en est comme le vêtement, mais il n'est point « nécessaire » et il n'est pas « juste » de laisser en tout état de cause à ce vêtement la coupe « qu'il a depuis longtemps chez nous. » Il n'a de valeur que s'il s'adapte aux formes sonores qu'il enveloppe et qu'il a mission de nous révéler, et, comme ces formes sont changeantes, il doit changer avec elles. Du moment que *tu connois* était arriver à seprononcer comme *tu renais* et autrement que *tu perçois*, si ancienne que fût la notation « tu connois », elle était devenue inexacte et devait se modifier en conséquence.

On a proposé d'écrire, à l'exemple de Montaigne et de Mme de Sévigné, *une femme*, comme *une dame* et autrement que *une gemme*. Il faut savoir gré à M. Boulenger de nous avoir épargné les plaisanteries faciles sur *famélique*, qui, dès lors, pourrait signifier *féminin*, et sur *féminin* qu'il faudrait alors transformer en *faminin* (comme si *marin* ne subsistait pas à côté de *mer*), et aussi le raisonnement singulier où s'est égaré un écrivain de grand talent, qui affirme que *fame* ne pourrait signifier que « renommée » comme si *dame*, en raison de *dama*, devait avoir nécessairement le sens de « biche ». M. Boulenger en revient à l'objection de la physionomie du mot : « Une innombrable multitude d'écrivains, d'amoureux, de gens de cœur et d'hommes d'esprit s'est ingéniée à donner à cet ensemble de caractères d'imprimerie « femme » toute la grâce, toute la poésie possible... On a écrit des volumes et des millions de vers admirables pour que cet hiéroglyphe, dès qu'il apparaît à nos yeux, ait une signification propre à la France, une signification plus élégamment, plus finement et plus spirituellement belle que dans les autres pays. C'est chose faite, aujourd'hui que tout le monde sait lire. Et dès que le signe magique sourit à nos yeux, une infinité de sentiments et de sensations est évoquée dans la plus rudimentaire cervelle, sensations et sentiments uniquement dus à tout le travail artistique, à toute la tendresse, à toute la malice de nos ancêtres depuis un temps presque immémorial. Grâce à des années et à des années d'efforts, enfin, le signe *femme* nous dispose à présent, par son seul aspect, à ressentir une émotion belle ou jolie. »

Que cela est charmant! et que cela est faux! Comment nos ancêtres qui ont prononcé et écrit successivement *femne*, *fème*, *fanme* (ou *femme)* et *fame*, ont-ils pu travailler depuis un temps immémorial, avec art, tendresse ou malice, à donner une valeur quelconque au SIGNE GRAPHIQUE « femme ». Ils ont contribué à former la signification du *mot*, mais cette signification est tout à fait indépendante des caractères qui ont pu être employés aux différentes époques pour figurer tant bien que mal la prononciation. C'est au mot et non à l'hiéroglyphe que les écrivains et les amoureux se sont « ingéniés à donner toute la grâce possible », et ils l'ont tout simplement écrit comme on le leur avait enseigné à l'école. Si la graphie de Montaigne avait prévalu (et c'est pur hasard qu'il n'en ait pas été ainsi) ou arrivait à prévaloir, elle évoquerait exactement, sans l'ombre d'une différence, les mêmes sensations et les mêmes sentiments que la forme actuelle. Est-ce que l'hiéroglyphe *temps*, pour parler comme M. Marcel Boulenger, a une autre valeur pour nous que l'hiéroglyphe *tems* pour Lamartine? *Clef* éveille-t-il une autre idée que *clé?* Comme le dit spirituellemt le neveu de Pierre Mille, qui tient de famille, « qu'on écrive *calotter* ou *caloter*, ça voudra toujours dire : flanquer une gifle ».

Sur le vieux mot *printens* on a fait jadis l'adjectif *printennier*, dont la prononciation a évolué comme celle du mot *femme*, mais ici l'orthographe est déjà d'accord avec la prononciation. Plaçons-nous par la pensée avant qu'on ait commencé à écrire *printANier*, on aurait pu alors, avec tout aussi peu de raison, appliquer au signe *printennier* les réflexions de M. Boulenger à propos du signe *femme*. Et quelles brillantes variations n'aurait-on pas pu exécuter jadis sur l'hiéroglyphe *abysme* pour protester contre la mutilation dont on le menaçait! Et cependant *abîme* nous fait-il aujourd'hui l'effet d'un éclopé et a-t-il perdu une parcelle quelconque de sa valeur expressive?

On nous sert des listes de mots orthographiés d'après les projets nouveaux, et on nous dit : Ne vous semble-t-il pas voir un défilé d'infirmes et d'estropiés, « de poules sans queues, de coqs écrêtés »?

Sans aucun doute, mais c'est là une impression fausse et momentanée, destinée à disparaître complètement avec l'habitude. L'impression fut aussi pénible, pour les gens du XVIIIe siècle, devant *tête*, *épée*, *douter* (au lieu de *teste*, *espée*, *doubter*) et les cinq mille autres mots qu'atteignit la réforme de 1740, pour la génération de 1830 devant *il trouvait*, *la monnaie*, etc., au lieu de « il trouvoit, la monnoie, etc.. » Et cependant nul aujourd'hui ne contestera l'utilité de ces réformes. Aurons-nous moins de courage que nos pères, pour faire un pas de plus en avant, et donnerons-nous raison à Sainte-Beuve lorsqu'il écrit: « Ne nous le dissimulons pas : il s'est fait depuis quelques années, et pour bien des causes, une sorte d'intimidation générale de l'esprit humain sur toute la ligne. La réforme de l'orthographe elle-même y est comprise et s'en ressent ; on est tenté de s'en effrayer, de reculer à cette seule idée comme devant une périlleuse audace, Tout le terrain gagné en théorie depuis Port-Royal jusqu'à Daunou semble perdu. Nous avons à prendre sur nous pour devenir aussi osés en matière de mots et de syllabes que l'était l'abbé d'Olivet ».

Quant à la crainte que, par suite de l'assimilation des mots qui se prononcent de même, on en vienne à confondre « le bout du *doit* » avec « il *doit* venir », « il a *vint* ans » avec « il *vint* avec nous », elle est absolument chimérique. Comme on l'a fait remarquer, nous ne compromettrons point la clarté du discours en ajoutant quelques groupes d'homographes à ceux que la langue possède déjà en si grand nombre ; on n'a jamais confondu la *masse* d'armes avec la *masse* des adhérents, la *grève* des forgerons avec la *grève* de la mer, la *bière* du brasseur avec la *bière* de l'entrepreneur de pompes funèbres, les *vins* avec « tu *vins* ».

Pour résumer sa théorie sur la « notation phonétique » qu'il persiste à considérer comme s'adressant à l'ouïe, M. Boulenger la compare au téléphone, et écrit cette phrase, que je m'en voudrais de commenter ; « Le téléphone a simplifié la besogne de correspondance ; toutefois les « écritures » restent toujours la condition indispensable de la correspondance, des relations d'amitié ou d'affaires. La notation phonétique peut être le téléphone entre les membres les plus lointains d'une même génération ; l'orthographe doit demeurer « les écritures » entre les générations successives ».

Avant de passer à un nouveau développement, M. Boulenger nous fait craindre que les philologues, aprés avoir réformé l'orthographe, ne veuillent réformer la syntaxe et exiger qu'on dise « je souhaite qu'il *va* », et il en donne comme preuve cette question inscrite au programme du Congrès de Liège : « Y a-t-il lieu de s'occuper de *l'enseignement de* la grammaire française, *fondé sur l'étude de l'usage parlé* et sur une analyse plus précise de cet usage ? » Les mots soulignés le montrent bien, il ne s'agissait pas de modifier la grammaire française, mais l'enseignement de cette grammaire dans les parties où il n'est plus conforme à l'usage réel. Il y a pourtant des nuances dans le style, comme le dit plus loin M. Boulenger se plaignant d'avoir été mal compris. Quoi que puissent insinuer les antiréformistes, qui ne cessent de confondre l'orthographe (pour laquelle il n'y a plus d'usage) avec la langue, le principe même de la philologie des langues vivantes, c'est la soumission absolue à l'usage, et la défense de l'intégrité de la langue. En ce qui touche l'emploi du subjonctif, il est incontestable qu'on ne dit plus jamais : « Il voulait que vous lui *racontassiez* votre voyage ». C'est un fait, que l'imparfait du subjonctif, — et non pas le présent, — est tombé en désuétude à toute autre personne que la troisième, et un bon livre de grammaire doit constater ce fait, enregistrer cet usage.

*
* *

M. Boulenger s'en prend ensuite à la « Lettre ouverte au Ministre de l'Instruction publique » de M. Ferdinand Brunot, et, à propos d'une phrase d'un rapport académique rappelée dans cette brochure, il revient sur l'utilité des lettres muettes pour guider le travail des étymologistes ! La suppression déjà ancienne de l'*e* muet dans le verbe *veoir*, aujourd'hui *voir*, nous empêche-t-elle de savoir que cet *e* a existé dans l'ancienne orthographe et, ce qui seul importe pour l'étymologie, dans l'ancienne prononciation du mot ?

On nous concède que notre orthographe est illogique et arbitraire. Mais il faut la conserver, 1° parce qu'elle est à peu près fixée, — ce qui est une pétition de principe, — 2° parce qu'on a publié beaucoup de belles œuvres dans cette orthographe. On avait aussi publié quelques belles œuvres dans l'orthographe du temps de Louis XIV. Y a-t-il eu du « vandalisme, et le plus horrible de tous, un vandalisme prémédité » à y apporter en 1740 plus de cinq mille changements, sans compter ceux qui ont été ajoutés en 1835? Regrettons-nous de ne plus écrire comme on imprimait en 1672 une lettre de Voiture : « Voyez si *ie* ne proc*e*de pas de bonne fo*y* avec*que* vous : puisqu'un si beau pr*e*texte ne m'emp*es*che pas de vous faire r*es*ponse. Je rec*e*us v*ô*tre derni*e*re lettre. *I*e pren*s* part à vos prosp*e*rit*ez*, comme si c'*es*t*o*ient les miennes »? La seule modification qui ait été faite à tort est celle de *prens* en *prends*.

Mais l'orthographe actuelle est belle par elle-même. Jugez-en par cet apologue : « Qu'on jette les yeux sur la carte de quelque forêt vénérable : on voit aussitôt que les chemins, les layons et les sentes y serpentent, s'y coupent, y forment des carrefours, des entrelacs et des angles de la façon la plus inexplicable, la plus folle. C'est que, depuis bien des siècles, les bûcherons et les habitants des lisières en ont usé à leurs caprices ou suivant leurs besoins. Mais on se promène avec enchantement parmi les pittoresques méandres du vieux bois. Soudain un ingénieur survient : « Quel est ce « fouillis ? s'écrie-t-il. Qu'on me comble les mares, qu'on « abatte les futaies, qu'on éventre les halliers ! Il me faut de « la perspective dans cette forêt, et j'y vais tracer des routes « nationales qui formeront des triangles réguliers, des paral- « lélogrammes et autres figures plus convenables en un « siècle de progrès. » Cet ingénieur, digne de la prison, me semble un peu cousin des réformistes qui ne mériteraient, eux, qu'un sourire, s'ils n'étaient si entêtés. »

Ce « sourire » nous semble un peu cousin de ceux dont nous parlait M. Lavisse dans un discours récent : « Si l'on s'arrêtait aux sourires des gens d'esprit, on ne marcherait plus. Il arrive d'ailleurs que les gens d'esprit soient de simples imbéciles. »

Notez que l'ingénieuse et brillante image de M. Boulenger s'applique fort bien, non pas à l'orthographe, mais à la langue. Les langues vivantes, par cela même qu'elles ont vécu, sont pleines de pittoresques irrégularités, d'anciens barbarismes comme *un cheveu* (pour *un chevel), je me souviens* (pour *il me souvient)* entrés dans l'usage et devenus par conséquent légitimes, d'alternances de voyelles produites par le jeu des lois phonétiques, comme dans *sel* et *salin*, *vœu* et *vouer*, *il peut* et *nous pouvons.*

Toutes ces particularités se traduisent naturellement dans l'orthographe ; nul ne propose d'y porter la main et, pour plus de régularité, de revenir à *un chevel*, *des cheveux* ou de dire *un chevau* comme *un cheveu*, et *nous peuvons* comme *nous pleurons* (anciennement *je pleure, nous plourons).*

Mais ce qui est intolérable, ce sont les particularités et les exceptions *de pure forme*, qui ne sont pas ou ne sont plus dans la langue et qui risquent de la corrompre, d'amener par exemple dans la série des noms en *ure* formés sur les verbes (brûlure, parure, etc.) le monstre *gageure* prononcé par *eu*.

*
* *

M. Boulenger revient ici à la question de l'importance de la réforme pour la diffusion de notre langue à l'étranger. Je me borne à renvoyer à ce que j'en ai dit ci-dessus ; je réponds seulement à un argument qui n'était pas allégué plus haut, à savoir que les difficultés orthographiques n'empêchent pas l'anglais d'être la langue la plus parlée dans le monde. L'orthographe anglaise est en effet encore plus mauvaise que la nôtre, et pour en faire une réforme sérieuse, il faudrait changer considérablement la physionomie de l'écriture. C'est une chance pour notre langue que les Anglais reculent devant l'entreprise, car, s'ils avaient le courage d'en affronter les ennuis momentanés, si leur langue, qui est d'une grande simplicité, se reflétait dans une orthographe appropriée, — et elle n'y perdrait pas un atome de beauté, — elle arriverait bien vite à supplanter complètement le français dans les relations internationales.

Et il serait prudent de ne pas nous laisser devancer[1], en dépit de la pétition de la *Revue Bleue*, dont M. Boulenger parle avec un tendresse de père et un amour-propre d'auteur. Sans doute, les signatures furent nombreuses, mais M. Louis Havet répond très justement : « J'ai moi-même recueilli beaucoup plus de signatures, — elles n'étaient pas moins illustres et parfois c'étaient les mêmes — lorsqu'en 1889 je lançai une *Pétition à l'Académie française* pour la simplification de l'orthographe. Il y avait d'ailleurs une différence : mes pétitionnaires de 1889 signaient une demande positive, très précise, indiquant exactement la nature de leurs désirs et de leurs espérances en matière de simplification ; les nouveaux pétitionnaires, au contraire, font une manifestation négative contre ce qu'ils ignorent pour la plupart. » Et M. Havet ajoute qu'un des promoteurs de la pétition antiréformatrice est sorti de son cabinet tout autre, après deux heures de conversation sérieuse qui avaient révélé à sa bonne foi des points de vue insoupçonnés. Une circonstance qui n'est point négligeable, c'est que M. Sully-Prudhomme a refusé de signer la pétition. De ceux qui n'ont pas eu le même scrupule et des écrivains de valeur qui ont écrit des articles parfois amusants et fait du « journalisme », comme dit M. Boulenger, contre la réforme, nous pouvons dire à coup sûr qu'aucun ne s'est imposé une étude sérieuse de la question. On ne sort pas du fameux argument de la physionomie des mots, dont M. Faguet a démontré l'inanité, et on s'indigne à froid, sans prendre garde qu'il est bien un peu ridicule d'accuser d'attentat contre la langue et la littérature ceux qui ne font que reprendre les idées de Voltaire[2], de Sainte-Beuve et de Gréard.

[1] On annonce que le Président des Etats-Unis, sans s'arrêter aux plaisanteries des journaux, vient de faire entrer dans la pratique officielle de la Maison-Blanche une importante réforme de l'orthographe américaine. Grâce à ces simplifications, on espère, disent les dépêches, que l'anglais triomphera bientôt du français comme langue diplomatique.

[2] N'oublions pas que Voltaire protestait déjà contre l'*x* final et les consonnes doubles, recommandait de franciser les mots grecs et donnait lui-même l'exemple en écrivant *tèse*, *tiran*, *bibliotèque*, etc.

Si la réforme était décrétée, nous dit-on, « les enfants apprendraient à lire et à écrire une langue spéciale, qui les séparerait brusquement de leurs aînés. Ils se trouveraient tout à coup sans modèles de beauté, etc. » C'est toujours la même confusion de la langue avec l'orthographe, qui d'ailleurs après la réforme différerait moins, quoi qu'on dise, de l'orthographe actuelle, que celle-ci ne diffère de l'orthographe de Descartes et de Corneille. On n'a qu'à faire l'expérience sur des textes de suffisante étendue, en comptant les différences dans un sens et dans l'autre.

Que se passe-t-il aujourd'hui? Les classiques des XVIe, XVIIe et XVIIIe siècles sont présentés aux élèves tantôt dans l'orthographe actuelle, tantôt dans celle de leur temps (je me souviens d'avoir eu entre les mains une excellente édition classique des *Précieuses ridicules* par Larroumet, reproduisant l'édition originale). On procéderait de même demain, et l'orthographe des éditions nouvelles se rapprocherait sur bien des points de l'orthographe originale. En écrivant : *je prens*, *je répons*, *il corront*, *une grote*, *une carière*, *des apas*, *il est tranquile*, *une dificulté*, *constament*, *un abé*, *une ocasion*, *le someil*, *la sotise, l'acord*, *le stile*, *le misantrope*, *les piramides*, *la téologie*, *le cristianisme*, *la filosofie, l'enciclopédie*, etc., etc., on retrouverait des formes qui étaient familières à Bossuet, Racine, La Fontaine, La Bruyère, Molière, Voltaire. Les auteurs du XIXe siècle seraient aussi présentés sous deux formes, et sous la forme nouvelle ils subiraient le sort qu'ont subi avant eux Corneille et Racine, que nous avons transcrits en orthographe actuelle, sans diminuer assurément ni la beauté de leurs œuvres ni le prestige de leur génie. Quant aux auteurs contemporains et aux journalistes, ils feraient ce que bon leur semblerait. La plupart continueraient pendant quelque temps à user de l'orthographe qui leur fut apprise et dont l'habitude leur dissimule les défauts; puis, à mesure que les nouvelles générations parviendraient à l'âge d'homme, la nouvelle orthographe arriverait à prévaloir sans secousse. Bref, les choses se passeraient comme au moment des précédentes réformes, qui ont porté sur un plus grand nombre de mots, et qui n'ont mis en péril ni la langue ni la littérature.

Telle est la réalité, et voici la fiction apocalyptique de M. Boulenger : « Les écrivains disparaîtraient. On verrait seulement, en face de la multitude vouée aux seuls journaux et romans-feuilletons figurés phonétiquement, quelques mandarins qui s'honoreraient les uns les autres, mais ne feraient plus rien qui vaille dans leur solitude et leur abandon. » Brr !

Il est inexact que les précédentes grandes réformes, dont personne n'ose contester l'excellence, n'aient fait que suivre l'usage et que de nombreux lettrés aient appuyé de leurs vœux l'initiative de Voltaire. Le nombre n'est jamais, en ces matières, du côté de la raison, qui doit lutter contre l'habitude et la force d'inertie. Parce que la réforme orthographique ne figure pas dans les programmes électoraux, on nous objecte que le peuple ne se plaint pas. Il y a des sujets de plaintes plus urgents. Mais les instituteurs, conscients de leur responsabilité d'éducateurs, protestent contre le temps qu'ils sont obligés de faire perdre à leurs élèves, et leurs représentants au Conseil supérieur de l'instruction publique sont unanimes à demander la réforme. « Qu'on se mette, disait Gréard, à la place des maîtres qui ont à expliquer ces anomalies, des enfants qui ont à les comprendre, des étrangers qui en cherchent la raison ! Chercher la raison qui est au fond des choses, c'est pour tous les esprits un travail fécond. Mais s'enquérir de raisons qui n'existent pas et finalement être obligé de charger de formes incohérentes la mémoire qui, elle aussi, a sa logique, une logique résistante, quel labeur plus inutile et plus ingrat ! »

Un homme qui parle avec une si haute raison et dans une si belle langue ne rappelle guère « l'exemple de ces architectes qui, au XVIIe siècle, jetaient bas toutes les tours gothiques, puis, sous Napoléon, se mirent à raser les pavillons Louis XV, et, en 1840, à briser les portails Empire. »

*
* *

M. Marcel Boulenger nous confie ensuite qu'il a lu l'*Histoire de l'Ecriture* de M. Philippe Berger. Il y a vu que les Grecs avaient « compliqué » l'orthographe phénicienne en introduisant les voyelles. Mais ce n'était pas là compliquer ! C'était rapprocher l'orthographe de la prononciation, comme nous demandons qu'on le fasse, et s'ils ont redoublé les consonnes, c'était seulement celles qu'on prononçait doubles ! D'après M. Boulenger, M. Brunot nous ramènerait à l'écriture des Phéniciens, ou à celle des Sémites qui imitèrent maladroitement le perfectionnement hellénique, lorsqu'il préconise, après la grammaire de Port-Royal, le système idéal où l'on ne s'écarterait jamais « du principe absolu : un signe pour un son, un son pour un signe ». C'est précisément le principe de l'écriture hellénique et non pas du système phénicien, qui laissait sans signes les sons des voyelles.

Poursuivant jusqu'au bout de son article la confusion entre la langue et l'orthographe, M. Boulenger applique à la seconde ce que M. Brunot dit de la première et affirme que la liberté individuelle ne saurait être guidée que par le choix de tous et que c'est « le suffrage universel, en quelque façon, des générations présentes et passées, qui crée cette règle traditionnelle, omnipotente et admirable de l'usage », vérité incontestable si l'on parle de la langue, erreur capitale s'il s'agit de l'orthographe.

*
* *

Par manière de conclusion, M. Boulenger s'adoucit vis-à-vis des réformistes, que, dans le cours de son article, il a traités élégamment de vandales, de sauvages, de sans-patrie, de félons. Il reconnaît que l'esprit qui les anime est « respectable et généreux ». Il leur donne même de bons conseils, pour arriver à faire disparaître « les bizarreries, les anomalies, les fantaisies choquantes » de l'orthographe actuelle : « Notez-les, cataloguez-les, signalez-les à l'ironie ou au bon sens populaires ; quelques années de libre discussion amèneront, comme toujours, le triomphe de cet invincible bon sens. »

Or, le catalogue de ces bizarreries et de ces incorrections est établi et publié depuis fort longtemps ; et plusieurs fois depuis quinze ans on les a signalées au bon sens populaire dans d'énergiques campagnes de presse, notamment à l'époque de la pétition Havet, et aussi par d'excellentes brochures parues en France, en Suisse, en Belgique. Le beau rapport de Gréard, présenté à la Commission du Dictionnaire, a été publié intégralement dans le *Figaro* et a figuré avec honneur dans les programmes d'études et d'examens. Les propositions de réforme formulées alors, et qui sont les mêmes qu'aujourd'hui, n'ont jamais pu être contestées dans le détail ; on s'est toujours borné à leur opposer en bloc le *non possumus* de la physionomie des mots. Qu'est-il résulté de ce grand effort ? Sans parler de la foule, M. Marcel Boulenger lui-même a tout ignoré ou tout oublié.

Les promoteurs de la réforme ne se faisaient d'ailleurs pas d'illusions. Ils n'imaginaient pas qu'ils pourraient agir directement sur la pratique orthographique du public ou des lettrés, puisque cette pratique n'est plus un usage libre et réfléchi, mais l'application machinale d'une loi imposée dès l'enfance. Ils firent d'abord appel à l'Academie. Grâce à son autorité, aussi réelle qu'injustifiée, l'Académie pouvait faire la réforme. Sans doute, disait Gaston Paris, les écrivains de talent ou de génie qui la composent sont mal préparés à cette tâche, n'ayant pas l'esprit tourné vers les difficiles problèmes qu'elle implique, et ils ont vraiment autre chose à faire. Mais l'Académie pouvait procéder comme en 1740, où elle donna carte blanche à l'abbé d'Olivet. Si elle avait tout simplement ratifié les propositions de Gréard qui méritait bien qu'on s'en remît à lui, la question était réglée pour longtemps. Cet espoir fut déçu ; alors on se tourna vers la seule autorité légitime, celle du Ministre de l'Instruction publique. C'est en vertu d'une ratification tacite du Ministre que les réformes académiques, quand il s'en produit, pénètrent dans l'enseignement. Aucune loi ni aucune raison n'oblige le ministre à accepter les décisions de l'Académie, ni à les attendre. On n'a pas oublié le premier arrêté de M. Leygues, délibéré en Conseil de l'Instruction publique, sur la réforme de l'orthographe de règles. Malheureusement, M. Leygues eut après coup un scrupule, assurément peu motivé. Bien que déjà publié à l'*Officiel*, l'arrêté fut soumis à l'avis de l'Académie, et modifié d'après cet avis qui en faisait disparaître, en dépit du sentiment de Gaston Paris, les articles les plus importants.

Il faut espérer que l'Académie, désavouée aujourd'hui par son propre rapporteur, Emile Faguet[1], n'aura pas cette fois le dernier mot. Il n'y a aucune raison pour que les réformes orthographiques se fassent en France autrement que dans les pays voisins. Le Ministre a la responsabilité de tous les enseignements, y compris celui de l'orthographe. Il doit veiller à ce que les vérités scientifiques, dont la recherche incombe à l'enseignement supérieur, passent, quand elles sont établies, dans l'enseignement secondaire et dans l'enseignement primaire, Or l'orthographe imposée dans les écoles primaires et secondaires est actuellement en contradiction avec l'enseignement donné dans les chaires spéciales de toutes les Universités. Un professeur de lycée m'écrivait il y a quelques jours : « Il nous faut donc continuer à marquer comme fautes, dans les copies de nos élèves, les graphies les plus logiques et les mieux justifiées ! »

Il ne s'agit pas, en effet, quoi qu'en dise dédaigneusement M. Boulenger, de diminuer simplement la tâche des écoliers et des « candidats au *Louvre* et au *Bon Marché* ». Il s'agit de corriger des erreurs reconnues, des fautes gros-

[1] Sur le rapport et le « contre-rapport » de M. Faguet, voyez la brochure, *le Rapport de l'Académie française sur la réforme de l'orthographe* (Paris, Champion, 1905).

sières, des graphies équivoques qui risquent d'altérer la langue en passant de l'écriture dans la prononciation. Ce sont les défenseurs de l'orthographe actuelle qui menacent « l'intégrité » de la langue et sa véritable « beauté plastique ». *Trésor* a *paru* aussi affreux à nos ancêtre, qui n'en avaient pas l'habitude, que *téâtre* à nous-mêmes, malgré l'exemple du *teatro* italien. Mais *trésor* est plus beau que *thrésor*. « Le mot laid, dit très justement M. Faguet, le mot affreux, c'est le mot surchargé et hérissé ; le mot beau, c'est le mot simple, sobre, uni et dépouillé. »

***

Après cet examen minutieux des objections de M. Marcel Boulenger, il nous reste à indiquer sommairement comment peut se poser, à notre avis, la question de la réforme.

Il n'est plus permis de dire qu'une langue « s'est fixée » à une époque déterminée. Nul n'ignore aujourd'hui que les langues ne se fixent pas ; elles évoluent avec plus ou moins de rapidité, mais elles ne peuvent pas ne pas évoluer. Ni le vocabulaire, ni la syntaxe, ni les formes de la déclinaison et de la conjugaison, ni la prononciation des mots ne restent stationnaires. Et comme l'orthographe est uniquement destinée à figurer tant bien que mal la prononciation et à évoquer par là le mot prononcé, il est naturel que l'orthographe se modifie également, sans quoi tous les peuples néo-latins écriraient encore latin, tout en parlant l'un italien, l'autre français, l'autre espagnol, et l'italien *notte*, le français *nuit*, l'espagnol *noche*, s'écriraient uniformément *noctem*. En France, le verbe latin *gaudere* s'est prononcé successivement *gawdir*, *jodir*, *joïr*, *jouir*, et l'orthographe a suivi cette évolution. Malheureusement un grand nombre de mots sont en retard.

Si nous avions le bonheur, comme les Italiens et les Espagnols, d'avoir une orthographe conforme à la langue actuelle, nous serions à l'abri de tout changement pour une très longue période, car les modifications de la prononciation sont, en général, extrêmement lentes.

Dans tout le courant du XIXe siècle, il ne s'en est produit qu'une de quelque importance, c'est la substitution d'une simple mouillure *(y)* au son de l'*l* dite mouillée que nous notons si gauchement par *ill*. Nous écrivons *feuille* et tout le monde prononce *feuye*, — sauf dans quelques régions où c'est généralement l'influence des patois qui a maintenu l'*l*. Mais aucun des partisans d'une réforme ne propose de faire passer dès aujourd'hui ce changement dans l'écriture. Il n'est pas indispensable que les modifications orthographiques suivent immédiatement les évolutions de la langue, quand il n'y a pas de confusion de lecture, ce qui est le cas. Le signe *ill* a simplement pris une autre signification, et fait double emploi avec l'*y*. Ce double emploi a bien de graves inconvénients, mais avant de tenir compte d'un changement si récent, il faut achever de noter dans l'écriture ceux qui remontent à plusieurs siècles.

Plusieurs des modifications proposées sont, d'ailleurs, indépendantes des changements de prononciation. Il faut bien corriger les erreurs manifestes[1], notamment les erreurs d'étymologie, qui sont, suivant le mot spirituel de M. Michel Bréal, des « erreurs d'état civil », et les contradictions qui, pour des cas identiques, maintiennent dans certains mots des lettres, dites étymologiques, supprimées dans tous les autres. Il faut bien aussi achever cette réforme des lettres grecques, amorcée en 1740, pour laquelle les Italiens et les Espagnols se trouvent fort bien de nous avoir devancés. Ce ne sont pas, à vrai dire, des lettres grecques, mais de mauvaises et laides transcriptions latines de ces lettres. M. Faguet a remarqué avec raison que *rétorique* était plus près du grec que *rhétorique*. Si nous lisions davantage dans le texte les œuvres étrangères, il y a longtemps que les romans d'Annunzio et d'Ibañez auraient habitué et converti les « gens de goût » à cette réforme[2].

[1] Ci-dessus, p. 17.

[2] « Ne serait-il pas raisonnable, écrit Gréard, d'accepter que l'*h*, suivant une des consonnes *r*, *t*, *c*, et qui ne se prononce pas, peut être supprimée ;

Quant aux modifications correspondant à des changements de prononciation, il faut faire avant tout celles qui font cesser des équivoques et qui peuvent prévenir des déformations de la prononciation. L'*s* devant une autre consonne était tombée dès le XIIIe siècle ; mais pendant longtemps il ne fut pas nécessaire de la supprimer de l'orthographe. Comme elle ne se prononçait nulle part, il n'y avait pas de confusion ; *es* était devenu un mode de notation des sons que nous écrivons aujourd'hui *é* ou *ê*. Puis il s'introduisit dans la langue, par voie d'emprunt, d'autres mots latins où l'on maintenait la prononciation latine de l'*s* devant une autre consonne. Dès lors, l'équivoque naquit ; il y avait des mots où l'*s* se prononçait, d'autres où elle ne marquait plus que le timbre de la voyelle précédente : *peste* et *teste*. La réforme s'imposait. Il en fut de même pour la diphtongue *oi*. Il y a fort longtemps qu'on ne prononce plus *roi* par *o* et *i* ; on a dit successivement *rwé* et *rwa*, mais on a continué à écrire *roi* sans inconvénient parce que la véritable diphtongue *oi* a disparu de la langue ; *oi* est devenu successivement le signe des nouvelles diphtongues *wé* puis *wa*. Mais dans un certain nombre de mots, la diphtongue *wé*, au lieu de passer à *wa*, a passé à *è*, et l'on a continué à écrire ces mots par *oi*, de telle sorte que, dès le XVIe siècle, *oi* représentait tantot *wa*, tantot *è*. C'est seulement en 1835 que l'équivoque a disparu. Dans les mots tels que *Anglois*, *venoit* on a substitué à *oi* la notation *ai*, qui était devenue l'un des signes du son *è*, après avoir représenté une diphtongue que le français a perdue.

Il nous reste à faire disparaître l'équivoque des consonnes doublées. Dès les textes les plus anciens, nous constatons que les consonnes doubles, dans les mots qui nous viennent héréditairement du latin, s'étaient réduites à une seule. Et de même qu'on écrivait *route* et non *roupte*, parce que le *p* de *rupta* était tombé, on écrivait *nape* et non *nappe*,

d'admettre du même coup, dans les mêmes conditions, la transformation du *ph* en *f*. »

parce que les deux *p* de *mappa* s'étaient réduits à un seul. Puis on a doublé les consonnes simples *dans l'écriture* d'un *certain nombre* de mots, d'une façon tout à fait arbitraire, alors même que, comme dans *chandèle*, le latin n'avait qu'une consonne. En même temps, des mots nouveaux, empruntés tels quels au latin, entraient dans la langue avec des consonnes doubles *prononcées*, de telle façon que le signe de la consonne redoublée n'eut plus aucune valeur précise, puisqu'il représentait tantôt une consonne vraiment double, tantôt la consonne simple. Et alors comme toujours l'équivoque engendra la corruption.

Nous trouverions ridicule de prononcer *al'ler*, il ne l'est pas moins de prononcer *al'lure* comme beaucoup de personnes commencent à le faire, l'orthographe ayant prise sur ce mot, beaucoup moins employé que le verbe *aller*, et on en vient à ne plus sentir la parenté d'*allure* et d'*aller*. Après un *i*, *ll* représente soit une *l* simple, soit deux *l*, soit ce que nous appelons l'*l* mouillée. Nous trouverions barbare de prononcer *une ville* avec *l* mouillée ; ce mot est protégé par l'extrême fréquence de son emploi ; mais *anguille*, dont la formation est exactement semblable à celle de *ville*, a vu sa prononciation déformée, et en ce moment même *vaciller*, *scintiller*, *osciller* perdent leur vraie prononciation. Il importe de ne conserver les deux *l* après *i* que pour marquer la mouillure (ou le redoublement dans les mots tels qu'*illuminé)* et de ne redoubler les autres consonnes que lorsqu'on les prononce doubles. Pour éviter toute contestation, on dresserait la liste, peu fournie, des mots et des séries de mots à consonnes doubles, d'après l'excellent Dictionnaire de Darmesteter, Hatzfeld et Thomas, où la prononciation a été marquée sans aucune idée préconçue. Cette réforme était réclamée par Voltaire qui a publié, comme on sait, une édition de Corneille avec simplification des consonnes doubles, et nos classiques nous ont donné le bon exemple en écrivant : *atendre*, *diférent*, *conu*, *quiter*, *sufire*, *apeler* (La Fontaine), *aprendre*, *atendre*, *abatre*, *atentif*, *flater*, *froter*, *enveloper* (Bossuet), *sifler*, *aranger*, *échaper*, *chaufer* (La Bruyère), etc., etc.

Ces modifications, et les quelques autres dont il a été question, changeront beaucoup moins l'écriture actuelle que celle-ci ne diffère de l'orthographe du temps de Louis XIV. Pour les introduire, on procéderait comme on a toujours fait au moment d'une réforme. Lorsqu'il fut décidé en 1835 qu'on écrirait : « il connaîtrait » au lieu de « il connoîtroit », on recommanda, comme il était naturel, la nouvelle orthographe aux écoliers, mais on toléra l'ancienne pendant tout le temps nécessaire, en exigeant seulement que les deux ne fussent point mélangées : *connoissoit* ou *connaissait*, mais non pas *connaissoit* ni *connoissait*. C'est précisément ce que propose le rapport de M. Meyer. Si on se décide à écrire *filosofie*, comme les Espagnols et les Italiens — et comme Voltaire, — il est naturel d'admettre encore *philosophie*, mais non pas *filosophie*, ni *philosofie*.

La période de transition comporterait dans les écoles primaires et les établissements d'enseignement secondaire les conditions suivantes :

1e Libre choix entre l'orthographe actuelle et la nouvelle. On donnerait naturellement aux élèves les raisons des changements autorisés.

2° Editions classiques des œuvres littéraires sous l'une et l'autre de ces deux formes : avec l'orthographe originale ou avec l'orthographe nouvelle. C'est ainsi qu'aujourd'hui les textes du XVIe siècle sont présentés aux élèves tantôt dans l'état primitif, tantôt modernisés, et l'on a souvent procédé de même pour ceux du XVIIe siècle[1].

On pourrait ne fixer d'avance aucune durée à cette période de transition. Comme les graphies réformées ne sont pas seulement meilleures que les nôtres, mais suppriment nombre de difficultés, il n'est pas douteux qu'elles arriveront vite à prévaloir. Sous la pression des nouvelles générations, qui

[1] Voyez ci-dessus, p. 27.

auront pris l'habitude des nouvelles formes — sans perdre contact avec celles du XIXe siècle — les journaux et les écrivains en viendront graduellement, l'un après l'autre, à adopter l'orthographe réformée, et les journalistes antiréformistes d'aujourd'hui, qui tiendront encore la plume dans cet avenir très prochain, seront tout étonnés de constater, en relisant leurs articles de 1906, que les cataclysmes prédits par eux ne se sont pas produits. La France aura encore une littérature !

Lyon. — Imprimerie A. REY 4, rue Gentil — 49387

www.ingramcontent.com/pod-product-compliance
Ingram Content Group UK Ltd.
Pitfield, Milton Keynes, MK11 3LW, UK
UKHW020949220726
13924UKWH00002B/584

9 782019 955335